तेरे मेरे दरमियाँ

डॉ हेमा उदावत

INDIA · SINGAPORE · MALAYSIA

ISBN

Hardcase 979-8-89724-918-3
Paperback 979-8-89699-385-8

My Inspiration

My Father

Late Mr S.P. NAAG

(Poet, Lyricist, Music Composer and Singer)

Dedicated to My Mother

Mrs. Vidhya Nag

Without the Love, Support and Sacrifices you made for me, I might not be the person I am today.

Thank You.
I Love You.

अंतर्वस्तु

शुभाकांक्षा

सुकोमल प्रेमानुभूतियों की मनहर सर्जनाओं से गुज़रते हुए -

मार्मिक प्रेम की कवयित्री हेमा उदावत की पूर्व प्रकाशित काव्य कृति साथिया को पढ़ने और उसके संबंध में कुछ कहने का मौका संभवतः पिछले साल मुझे मिला था। एकान्तिक प्रेम-साधना की इतनी मनहर काव्याभिव्यक्ति को देखकर मुझे लगा कि इस कवयित्री में प्रेम की सघन अनुभूति-संयोग-वियोग को सहज रूप में प्रकट करने की जो असाधारण क्षमता है वह न केवल विरल है अपितु विलक्षण भी। उनकी सहजोद्भूत प्रेमानुभूति की ये सर्जनाए हमारे भीतर उसी प्रेमाकुलता का संचार करती हैं जो वह स्वयं अनुभव करती रही हैं। कहना न होगा कि प्रेम मानव जीवन की एक सनातन वृत्रि है; स्त्री-पुरूष सृष्टि का आधार है; प्रकृति के कण-कण में यह वृत्ति व्याप्त है' प्रकृति में यह स्पष्टतया देखने को मिलता है। कविवर गोपालदास 'नीरज' का संकेत इसी ओर है:

तपे प्रेम के लिए धरित्री, जले प्रेम के लिए दिया
कौन हृदय है नहीं प्यार की जिसने की दरबानी हो।

दरअसल, चेतन-पटल में जो प्यास और चाह है उसी का नाम प्रेम हैं। यह तब तक तृप्त नहीं होती जब तक उसका प्रिय के साथ आत्म-संबंध स्थापित नहीं हो जाता हैं। सारी सृष्टि में यही प्यास विद्यमान है:

दीप को अपना बनाने के लिए पतंगा जल रहा है,
बूंद बनने को समुन्दर की हिमालय गल रहा है
प्यार पाने को धरा का मेघ है व्याकुल गगन में-
चूमने को मृत्यु निशिदिन श्वास पन्थी चल रहा है। ('नीरज')

प्रेमी की प्रेमिका के प्रति और प्रेमिका की प्रेमी के प्रति जो चाहत है वह इसी व्यापक वृत्ति की अनुगूँज है। प्रेम की चादर संयोग-वियोग के ताने बाने से बुनी होती हैं। प्रेम में मिलने वाली आनन्दानुभूति और विरह की पीड़ा-ये दोनों हमारे सबके हिस्से में आये हैं। इसीलिए प्रेम का आनन्द, और विरह का दर्द हमें एक दूसरे से बाँधते हैं। कवयित्री हेमा की कविताओं में 'मेरा दरद न जाने कोय; और 'मैं नीर भरी दुख की बदली' की झंकृतियाँ सुनी जा सकती है; इस दष्टि से, यह कहना शायद अतिश्योक्ति न होगी कि वे मीरा और महादेवी की प्रेमिल परम्परा को ही निभाती नज़र आती हैं। ऐन्द्रिक प्रेम की निविड़ता न जाने कब और कहाँ उसे अतीन्द्रिय प्रेम (अध्यात्म) की राह पर ले जाए कौन जाने भला। शरीर और आत्मा का द्वैत कब मिट जाए किसे पता प्रेम एक अबूझ पहेली ही है, लगभग शब्दातीत।

कहना न होगा कि कवयित्री प्यार के बिना दिल को बेमानी मानती है;

वह दिल ही क्या, जिसमें प्यार न हो

भावनाओं का सैलाब न हो

एहसास न हो

जज़्बात न हो

प्यार का इज़हार न हो।

ठीक भी है संवेदना शून्य ह्रदय, क्या कोई ह्रदय कहा जा सकता है; आज के इन्सान की जिन्दगी संवेदनारिक्त होकर एक मरूस्थल

बन चुकी है। इस दौर में प्रेम-संसिक्त कविताएं ही उसे कुछ राहत दे सकती हैं। सुकून के कुछ लम्हे दे सकती है। कवयित्री हेमा की कविताओं में प्यार को पाने की जो बेताबी है, जो तड़प है, अपने प्रियतम से मिलने-बिछुड़ने की आकुल-व्याकुल अनुभूति है, यही सब कुछ हमें उसके चेतना-लोक से जोड़ती है उसकी चेतना में कहीं बिखराव नहीं हैं। उसकी प्रेम-चेतना अखण्ड और अविभक्त है। कवयित्री को संसार के अन्य कार्यकलापों से कोई सरोकार नहीं, सियासत से उसे कोई लगाव नहीं; जिन्दगी की तल्ख़ हकीकतों से उसे क्या लेना, व्यक्ति और समाज की विसंगतियों और विद्रुपताओं के प्रति केई खीज नहीं।

उसके लिए प्रेम ही सब कुछ हैं। यही उसकी दुनिया हैं। प्रेम में ही उसे रब दिखता हैं। कवयित्री की यही एकान्तिक प्रेम-दृष्टि उसे एक प्रेम की कवयित्री के रूप में पहचान दिलाती हैं। इन कविताओं की बुनावट में कोई बनावट नहीं और न इनमें कोई सजावट करने की बेवजह कोशिश। सहज अनुभूति और अभिव्यक्ति के कारण इन कविताओं को गुनगुनाने का मन करता हैं। कवयित्री के चेतना लोक में प्रवेश करना अच्छा लगता हैं।

कवयित्री से बातचीत के दौरान पता लगा कि वह पहले कविता को गाती है, गा गा कर लिखती जाती है, यह उनकी रचना प्रक्रिया का अहम हिस्सा है। क्योंकि वह स्वयं एक मधुर गायिका है इसलिए उनकी कविताओं में सांगीतिकता का स्पर्श महसूस किया जा सकता हैं। कविताओं में हिन्दी-उर्दू के प्रयोग से एक खास प्रकार का ह्रदयसंवेद्य स्वाद उत्पन्न हो गया हैं। मुझे लगता है उनकी कुछ कविताए गीतो-गजलों के ज्यादा नज़दीक है, हालोकि ये मुकम्मल गीत-गज़ल नहीं हैं। ये कविताए अत्यन्त संप्रेषणीय है। उपयुक्त स्थान पर सुन्दर चित्राकंन से यह संप्रेषणीयता द्विगुणित हो गई हैं। मेरा

विश्वास है कि कवयित्री हेमा की ये कविताए पाठकों और श्रोताओं को न केवल रूचिकर लगेगी अपितु मनहर भी लगेंगी। कवयित्री की भावी रचनाशीलता की संभावनाओं के प्रति हार्दिक मंगलकामनाओं के साथ,

_(हस्ताक्षर)_
23.7.2017

(डॉ. नरेन्द्र शर्मा "कुसुम")
वरिष्ठ कवि एवं समीक्षक

तेरे मेरे दरमियाँ

काव्य संग्रह - डॉ. हेमा उदावत

"संवेदना के रेशमी धागों से बुनी इंद्रधनुषी अनुभूतियाँ"

तेरे मेरे दरमियाँ डॉ. हेमा उदावत का दूसरा काव्य संग्रह है।

हेमाजी एक चिकित्सक होने के साथ साथ एक संवेदशील कवियत्री भी है।

संग्रह की रचनाए प्यार-तकरार, मिलन-विरह, यादें-तनहाई, चाहत-अपनापन, गिले-शिकवे, ख्वाब-हकीकत, नसीब, मुखौटे लगे चहरों की बेवफाई, उफलतों-चाहतों को लेकर बुनी गयी मन की सूक्ष्म अनुभूतियाँ है।

जो सहज ही पाठक के मन में उतर जाती है, इन रचनाओं के साथ ही वह भी हर तरह की अनुभूति का आस्वाद लेने लगता है। काव्य संग्रह की खुबसूरत पंक्तियाँ द्रष्टव्य है:

"खुल रही है, ख्वाबों की खिड़कियाँ
उड़ रही है यादों की तितलियाँ
भूली-बिसरी बातों का बिखर गया है ढेर
बदलते हुए मौसम सा, है ये समय का फेर"

उम्मीद करती हूं की संग्रह पाठकों के हृदय में घर बनाएगा। इन्ही शुभकामनाओं के साथ

स्नेह

नीलिमा टिक्कू
साहित्यकार
संस्थापक- अध्यक्ष
स्पंदन महिला साहित्यिक एवं शैक्षिणक संस्थान

वो दिल ही क्या

वो दिल ही क्या, जिसमे प्यार न हो

भावनाओ के सैलाब न हो

एहसास न हो,

ज़ज़्बात न हो

जो कल्पनाओं की ऊँची उड़ान न भरे

फलक छूने का अरमान न करे

प्यार का इज़हार न करे

किसी का इंतज़ार न करे,

वो दिल ही क्या, जो मिलने की खुशी और,

जुदाई का गम न करे,

जो पंछियों की तरह चहका न करे

फूलों की तरह महका न करे

इंतज़ार

मुज़तर[1] निगाहों से तेरे दर को देखते हैं

कितनी मुद्दतों से तेरा इंतज़ार करते हैं

ढूँढ़ते रहते है तेरे ही क़दमों के निशां

इन उम्र दराज़ सड़कों पर तेरे लिए ही सफर करते हैं

गूंजती है तेरी आवाज़ इन फ़िज़ाओं में

सुन के ये तेरी सदाएँ मुड़ के देखते हैं

टूटे सब ख्वाब हैं टूटे सारे वादे हैं

जैसे चिनारों से टूट के पत्ते बिखरते हैं

१- व्याकुल

अधूरी कहानी

बीता हुआ ज़माना, फिर से नहीं है आना

रह गयी कोई अधूरी कहानी, अधूरा है कोई फ़साना

आने लगी कोई याद पुरानी, जलने लगी है अगन

लगने लगा है ऐसा जैसे, वैशाख के सूरज की है तपन

काश कोई फिर ले आये, उन खुशनुमा लम्हों को

काश कोई सुलझा पाए, इस उलझे हुए बंधन को

बदलते हुए मौसम के जैसे, क्यों होते हैं रिश्ते

बिकते हैं जज़्बात यहाँ, और एहसास भी हैं सस्ते

ये रिश्ता

बन गया एक सवाल ये रिश्ता तेरा मेरा

जुड़ गया है परछाईयो से फिर से रिश्ता मेरा

क्यों डूब गयी थी ख्वाहिशों के समुन्दर तले

मिलता नहीं है वो जो है किस्मत से परे

टूट गए वो सपने सारे जो थे नयनों में पले

याद तुम्हारी आ ही गयी जब सिन्दूरी शाम ढले

ढूँढ ही लिया बहाना हमको ठोकर लगाने का

या फिर ये अंदाज़ है हमको जीना सिखाने का

कुछ टूटने का दर्द है दिल के किसी कोने में

उमड़ पड़ा है सैलाब आँखों के एक कोने में।

महक चाहत की

महक उठ रही है किसी के

चाहत के फूलों की

फ़िज़ा में गूँज रही आवाज़

किसी की आहटों की

यादों का अक्स उतरा है सीने में

झील में चाँद की तरह

उड़ते बादलों मैं बन रही परछइयां

किसी के चेहरे की

जो ये समाँ है, वो पहले भी कभी देखा है

जिधर भी गुजरूं तो, हर फूल कुछ कहता है

पत्ते-पत्ते पर लिख गयी पुरवा एक कहानी है।

तेरा गम

फिर ले आया तेरा गम मुझे किस मोड़ पे

मुड़ गए थे जहाँ से तुम मुझे तनहा छोड़ के

लुट गया है मेरा जहां गम की आँधियों से

उमड़ रहे हैं सैलाब इन तरसती हुई आँखों से

कारवाँ मिलते रहे बिछुड़ते रहे

तुम्हे ख्यालों में बसाये चलते रहे

अपना तुम्हे समझा क्या यही है खता

क्यों गुनहगार वो आज मुझे कह गया

बागबाँ

एक ऐसा सफर हो, एक ऐसी डगर हो

उस रहगुज़र के हमसफ़र बस तुम्ही हो

मुझे देखती तेरी कातिल नज़र हो

मेरी हर अदा पर फ़िदा बस तुम्ही हो

कोई और न हो बस तुम्ही हो तुम्ही हो

हुए सब ख़फा मेहरबाँ बस तुम्ही हो

आने से तेरे खिल रहे हैं शिगूफ़े

दिल है गुलशन मेरा बागबाँ बस तुम्ही हो

मेरे सनम

सनम मेरे सनम

मेरी हैं क्या खता

हो गया क्यों जुदा

तेरा मेरा रास्ता

तुम्ही को समझा था

मैंने अपना आशना

छोड़ के चल दिए

आखिर तुम मुझे कहाँ

हो गया क्यों जुदा

तेरा मेरा रास्ता

आज मुझसे नहीं

तुझे कोई वास्ता

कुछ तो था मेरा

तुझसे राब्ता

हो गया क्यों जुदा

तेरा मेरा रास्ता

सिर्फ मेरे

वो कहते हैं कि सिर्फ मेरे हो तुम

एक पल के लिए अपना तो बनाया होता

छा गए अँधेरे रास्ते हुए गुम

एक बदली ने चाँद को यूँ छुपाया न होता

ख़्वाब हो जाते पूरे दिल के सभी

अक्स मेरा आँखों से जो मिटाया न होता

जी रहे थे हम तो यूँ ही तन्हा

बना के ख़्वाब यूँ पलकों पर सजाया न होता

बेताबियाँ

ठुकराए जाने पर भी, बेताब हर लहर
किनारों से मिलने को

दीवाना -परवाना है तैयार
मिल कर शमा से जलने को

मुरझाना हैं गुलों को पल में फिर भी
खिलते हैं गुलशन महकाने को

खो जाना है वजूद नदी का
फिर भी मिलती है सागर को

कोई नहीं यहां सदा के लिए
फिर भी मिलते है दिल बिछुड़ने को।

मैंने चाँद देखना छोड़ दिया

सात सुरों से महके हुए
साज़ छेड़ना छोड़ दिया
मैंने चाँद देखना छोड़ दिया

अपने दिल में छुपे हुए सब
राज़ खोलना छोड़ दिया
मैंने चाँद देखना छोड़ दिया

तन्हा कटता है अब सफर
मैंने भीड़ में चलना छोड़ दिया
मैंने चाँद देखना छोड़ दिया

देती है जो दर्द मुझे
उन राहों पर चलना छोड़ दिया
मैंने चाँद देखना छोड़ दिया

छोड़ गया जो बीच राह उसे

मुड़-मुड़ के देखना छोड़ दिया
मैंने चाँद देखना छोड़ दिया

झूठे हैं सब कसमे वादे
मैंने प्रीत निभाना छोड़ दिया
मैंने चाँद देखना छोड़ दिया

तेरी निशानियां

यहां -वहाँ ना जाने कहाँ-कहाँ

बिखरी हुई हैं तेरी निशानियां

हर लम्हा कह रहा तेरी कहानियां

उड़ चली हैं यादो की रंगीन तितलियाँ

ग़म की छाई घटा लगी अश्क की झड़ियाँ

उड़ा के ले गयी पवन सावन की बदलियां

देखते थे चाँद जिससे बंद हैं वो खिड़कियाँ

लौट के आती नहीं बीती हुई घड़ियाँ

सहेज के रखेंगे सदा तेरी बातों की लड़ियाँ

जनम जनम के साथ की गवाह ये वादियां

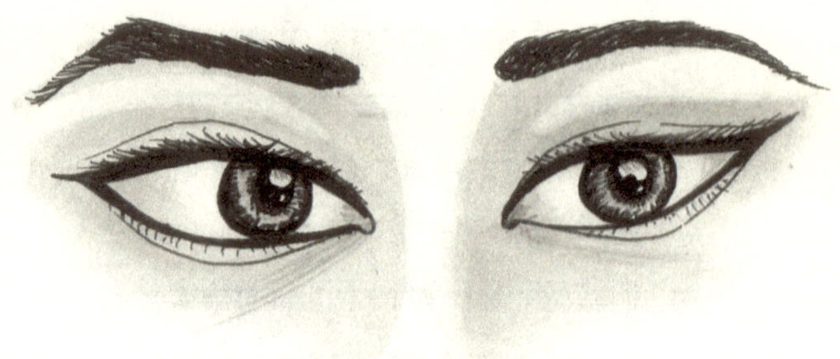

सुहानी रात

जो तू मिला

तो ये चाँद है खिला

महकी रात की रानी है

ये रात बड़ी सुहानी है

गेसू महके-महके

दिल हैं बहके-बहके

पुरवा भी हुई मस्तानी है

ये रात बड़ी सुहानी है

खामोश गगन

खामोश सनम

आँखें कर गयी बेईमानी है

ये रात बड़ी सुहानी है

कोई अपना

प्यार इस जहां में
इतना कम क्यों है
दिल जिसे कहे अपना
वो एक सपना क्यों है

शामें कटती नहीं
साल गुज़र गए
ये वक्त इतना रायगा[1] क्यों है
दिल जिसे कहे अपना
वो एक सपना क्यों है

तलाश किसकी है क्या जानू
बेवजह ये दिल बेकराक क्यों है
दिल जिसे कहे अपना
वो एक सपना क्यों है

हूँ ज़ार-ज़ार हर बात पर
इतना भी ये दिल हस्सास[2] क्यों है
दिल जिसे कहे अपना
वो एक सपना क्यों है

१- व्यर्थ, २- संवेदनशील

नदिया के उस पार

भीगी-भीगी वादियों में
नदिया के उस पार
कर रही हूँ कब से
तुम्हारा इंतज़ार

ज़माने गुज़र गए
आये नहीं हो तुम
धुंआ -धुंआ समां
कहाँ खो गए हो तुम

पत्तियों की सरसराहट
यहीं -कहीं हो तुम
वादी में गूंजती आवाज़
सुन रहे हो तुम

वक्त बदला, मौसम बदला
क्या बदल गए हो तुम
क्यूँ है दिल को इतना यकीं
आकर थाम लोगे तुम

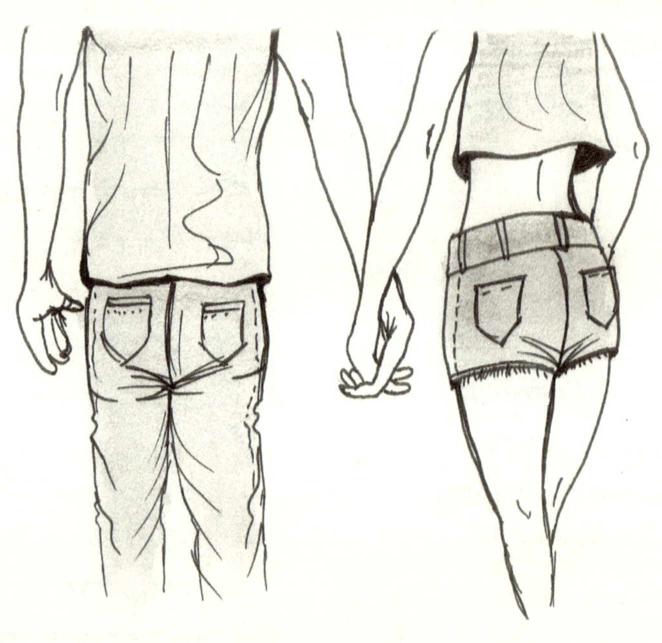

तेरे करीब

कभी हम भी तेरे करीब थे
तुझे खुद से ज़्यादा अज़ीज़[1] थे

थी जहाँ में रुसवाईयाँ
जब हम तेरे हबीब[2] थे
कभी हम भी तेरे करीब थे
तुझे खुद से ज़्यादा अज़ीज़ थे

एक ज़ज़्ब था, कुछ कशिश सी थी
वो दिन भी कितने हसींन थे
कभी हम भी तेरे करीब थे
तुझे खुद से ज़्यादा अज़ीज़ थे

आफताब[3] थे, माहताब[4] थे
तेरे अख़्तरे-उमीद थे[5]
कभी हम भी तेरे करीब थे
तुझे खुद से ज़्यादा अज़ीज़ थे

१- प्रिय, २- दोस्त, ३- सूरज, ४- चाँद, ५- आशा के तारे

कुरबत[1]

तेरी कुर्बत की तलब रखते हैं
टूटते तारों से हम रोज़ दुआ करते हैं

कभी तो आओगे तुम सुकूते शब[2] में
दिल के दरीचे[3] हम खुले रखते हैं

कहीं हो जाये न तेरे ख़्वाब भी रुखसत हमसे
तेरी उम्मीद, तेरा एहसास ज़िंदा रखते हैं

रूह बिन होता है ये जिस्म बेजान जैसे
देख कर तुझको यूँ हम सांस लिया करते है

१- सामीप्य, २- रात का सन्नाटा, ३- झरोंखा

वजह

भूल जाने की मुझे
कुछ तो वजह होगी
कसमें न निभाने की
कुछ तो वजह होगी

मेरे बिन न गुज़रता था
एक भी लम्हा तेरा
दूर चले जाने की
कुछ तो वजह होगी

बात जो होती थी
तो ख़त्म न होती थी
तन्हाइयों में जीने की
कुछ तो वजह होगी

हर घड़ी मिलने का
एक सुरूर रहता था
सामने न आने की
कुछ तो वजह होगी

ख्वाब, तो हकीकत में
बदल ही जाते
फितरत बदल जाने की
कुछ तो वजह होगी

किनारा

डूबती हुई कश्ती का
किनारा बन गया कोई
रूठे-रूठे जहाँ में
सहारा बन गया कोई

काँटों भरी सेज़ पर
फूलों सा सज गया कोई
अश्क ना बहा सके
आँखों में बस गया कोई

थी अंधेरी रात ज़िंदगी
माहताब[1] बन गया कोई
ख़ाबीदा[2] अरमानों की
तकमील[3] कर गया कोई

हर मुश्किल को मेरी
आसान कर गया कोई
खुशियों से मेरी
पहचान कर गया कोई

१- चाँद, २- सोये हुए, ३- पूरा

लौटा है दिल

लौटा है दिल आज
फिर उन्ही राहों पर
गुज़री थी जहाँ हर शाम
तेरे ही शानों पर

रूह एक थी
ख़याल एक थे
लूट गया था दिल जहाँ
तेरी बेहिसाब बातों पर
लौटा है दिल आज
फिर उन्ही राहों पर

गुदगुदाते लम्हें थे
कुछ अनकहे एहसास थे
छाया हुआ था सुरूर
तेरी मेरी आँखों पर
लौटा है दिल आज
फिर उन्ही राहों पर

साँसों में थी महक
आँखों की वो लहक
हाथों की नर्मियाँ
और सुर्खियां थी गालों पर
लौटा है दिल आज
फिर उन्ही राहों पर

दिल का बाग़

दिल का बाग़ खिलाया तुमने
रंगों से मिलवाया तुमने
खो ही दिया था
खुद को हमने हमको हमसे
मिलवाया तुमने

हंसना भूले, रोना भूले
खुशियों में, खुश होना भूले
घायल और वीरान दिल के
पंछी को चहकाया तुमने

जिधर से गुज़रे, अँधेरे थे
दिन के उजाले खो गए
खड़े अकेले बीच भंवर में
हाथ पकड़ के निकाला तुमने

गुमसुम -गुमसुम रहने लगे थे
सारे ग़म सहने लगे थे
खुशी चुरा लेंगे इस जग से
ये आत्मविशवास दिलाया तुमने

चाँद

लो फिर चाँद आ गया
मुझे तेरी याद दिला गया
भूली-बिसरी यांदों के
फिर से दीप जला गया

देखा किये हम साथ चाँद को
लेकर हाथों में हाथ
तन्हाई में आज वो
मेरा जिया जला गया
मुझे तेरी याद दिला गया

सर्द सलोनी चांदनी
क्यों चुभ रही मुझको आज
शरद ऋतु में भी देखो
तन-मन में आग लगा गया
मुझे तेरी याद दिला गया

खामोश रात है
सोया जग सारा
सोये हुए अरमानो को
देखो फिर से जगा गया
मुझे तेरी याद दिला गया

तेरी गलियाँ

कोई हलचल, न कोई आहट हुई है कब से
तेरी गलियों में तेरे दर को, देख रहें हैं कब से

खामोश सितारे हैं
चाँद भी फीका क्यों हैं
तेरी खिड़की जो नहीं
खुली है कब से
तेरी गलियों में तेरे दर को, देख रहें हैं कब से

आँखे बेचैन हैं
और नींद भी नहीं आती
दिल के ये कैसे हालात
बने हैं कब से
तेरी गलियों में तेरे दर को, देख रहें हैं कब से

चिराग बुझ गए
एक आस की लौ बाकी है
कोई जुगनू भी इधर से
गुज़रा नहीं कब से
तेरी गलियों में तेरे दर को, देख रहें हैं कब से

कोई उम्मीद न कोई प्यास
अब है हमको
दिल में ज़ज़्बात के सैलाब
दबे हैं कब से
तेरी गलियों में तेरे दर को, देख रहें हैं कब से

यांदों की धुंध में गुज़रते हैं
दिन-रात मेरे
एक भी पल तुझे भूल ना
सके है कब से
तेरी गलियों में तेरे दर को, देख रहें हैं कब से

• • •

तेरे ख़याल

हर घड़ी ख़याल तेरे
मुझको यूँ सता रहें हैं
सर्दियों की शाम जैसे
कोहरा बन कर छा रहें हैं

खुली हुई आँखों से
ख्वाब यूँ दिखा रहें हैं
कांच से ये ख्वाब सारे
टूटते ही जा रहें हैं

जा चुके हो तुम
तुझे ढूँढ़ते ही जा रहें है
हर किसी से तेरा पता
पूछते ही जा रहें है

तेरी हर एक खता
सहते ही जा रहें हैं
जाओ न यूँ दूर हमसे
तुमसे कहते ही जा रहें हैं

कहीं से आ जाए

सोचते है जिसे हर लम्हा हम
हज़ार बार
कही से आ जाये बस आ जाए वो
एक बार

उसके ख्यालों के समुन्दर में जो डूबे
नहीं उतरें हैं कभी उस पार
कही से आ जाये बस आ जाए वो
एक बार

लब मुस्कुरा रहें हैं सोच कर उसको
हैं आँख क्यों, अश्कों से सरोबार
कही से आ जाये बस आ जाए वो
एक बार

हैं मुसाफिर-दस्ते-आलम[1] तुझ बिन
तू आ जाये तो हो जाये सहरा[2] भी, लालाज़ार[3]
कही से आ जाये बस आ जाए वो
एक बार

१- दुःख रुपी वन, २- रेगिस्तान, ३- हरा-भरा

तुम्हारा साथ

तुम्ही आफताब[1], तुम्ही माहताब[2]
दिल के चमन के तुम
खिलते गुलाब

तुम साथ हो तो, सब कुछ हंसी है
तेरी बातों से ही, लबों पर हंसी है
मेरे हर सवाल का
तुम्ही हो जवाब
दिल के चमन के तुम
खिलते गुलाब

ज़हन में छुपी, हुई हर बात
तन्हाईयों में, बस तुम हो साथ
तुमको पाना है, एक हसीं ख्वाब
दिल के चमन के तुम
खिलते गुलाब

१- सूरज, २- चाँद

रूठी हुई बहारें

गुज़र रहें हैं दिन, कुछ इस तरह
फ़िज़ां से रूठी हो, बहारें जिस तरह

हँसते रहते हैं ज़माने के लिए
कितना वीराँ है दिल, सहरा की तरह

मिलते हैं सब से, एक अज़ीज़ की तरह
क्यों खड़े हैं तन्हां, पतझर के शजर[1] की तरह

खामोश है चेहरा, ठहरे पानी की तरह
है शोर ज़हन में, मचलती लहरों की तरह

१- पेड़

तू साथ होता

ज़िंदगी की रहगुज़र[1] का
कोई रहनुमा[2] तो होता
जो तू साथ होता
दिल इतना तन्हा ना होता

गुज़रा है अभी शायद
सहरा से कोई काफिला
रेत के सीने पर वरना
ये निशाँ ना होता

खिलने से पहले फूलों के
तोड़ी गयी हों कलियाँ
उजड़ा ना होता ये चमन
बांगबां जो कोई होता

१- रास्ता/पथ, २- पथप्रदर्शक

हसीं चाँद

कितना हंसी है चाँद
माथे पर गगन के
दमकती बिंदिया समान

बिखरी है चांदनी
रोशन हो गयी रात
उजले दिन के समान

शीतल हुई पवन
बेसब्र हो रहा मन
चकोर के समान

तारों की बारात
सज गयी है रात
दुल्हन के समान

हसरते-दीदार[1]

मुमकिन है तू मुझे भूल जाये

मुमकिन है की फिर लौट के ना आये

वादा है ना रोकेंगे मगर

रहेगा सदा हसरते -दीदार

ले जाओगे संग

ये रुत ये बहार

वो कस्मे, वो वादे

वो मिलने की गुहार

वादा है ना पूछेंगे कभी

क्या करते हो अभी भी इंतज़ार

चाहे रहो पास

चाहे रहो दूर

हर दम रहो तुम

चश्मे-बद-दूर[2]

वादा है ना बुलाएँगे कभी

तुमको आग़ोशे-तसव्वुर[3]

१- देखने की इच्छा, २- बुरी नज़र से दूर, ३- कल्पना की गोद में

तेरी उल्फत[1]

तेरी उल्फत को कुछ इस क़दर सजा रखा है
तेरे ही नाम का ज़हन में दिया जला रखा है

तेरी कुर्बत-ओ-सोहबत-ए-यार[2]
इन्ही को अपनी ज़िंदगी बना रखा है

हर फूल, हर शिगूफे[3], चाँद और तारे
तेरे लिए ही खुदा ने बना रखा है

खाबीदा[4] अरमान हैं सारे ज़माने से मेरे
तेरे एहसास को सीने में जगा रखा है

१- मोहब्बत, २- चाहने वाले का साथ और नज़दीकी, ३- कलियाँ, ४- सोये हुए

दरमियाँ

तेरे मेरे दरमियाँ
ख़्वाबों की एक दुनिया
जलता रहेगा सदा
चाहतों का एक दिया

चाहे मंज़िले हो जुदा-जुदा
हर राह का तू साथिया
जलता रहेगा यूँ ही सदा
चाहतों का एक दिया

तुझे खुद से ज्यादा जान लिया
तुझे आहट से पहचान लिया
जलता रहेगा यूँ ही सदा
चाहतों का एक दिया

इबादत[1]

किया है जो इस दिल ने
कोई और ना करे
टूट कर प्यार किसी से,
कोई अब और ना करे

डूबी है आज सफीना [2]
मेरी ज़िंदगी की
किसी की बातों पे इस क़दर कोई,
एतबार ना करे

उसकी बातों से झलकती है
तल्खियां [3] अब कईं
प्यार था दरमियाँ, इस बात का,
इकरार ना करे

दिल-ए-तबाह किया है
समझा खुदा जिनको
किसी की कोई इस तरह
इबादत ना करे

१- पूजा, २- नाँव, ३- कड़वाहट

तकदीर

उसकी तस्वीर निगाहों से हटाऊँ कैसे
जो लिखा है मेरी तकदीर में मिटाऊं कैसे

साथ रहता था जो, हर घड़ी हर पल हर लम्हा
उन मीठी बातों को मैं भुलाउं कैसे
जो लिखा है मेरी तकदीर में मिटाऊं कैसे

शाम होते ही बिखरी है कैसी तन्हाई
यांदों के इस घेरे से, खुद को निकालूँ कैसे
जो लिखा है मेरी तकदीर में मिटाऊं कैसे

बस गया है जो मेरी आँखों में, साँसों में, ज़हन में
उसकी गलियाँ, ये शहर छोड़ के जाऊँ कैसे
जो लिखा है मेरी तकदीर में मिटाऊं कैसे

नसीब

क्यूँ ज़िंदगी बन गए
हर शै में ढल गए
रो रहा है दिल कितना
जो आज तुम बदल गए

क्यूँ अफ़सोस है भला
हम पर जो है बीत रहा
तकदीर में जो है लिखा
वो ही नसीब बन गए
रो रहा है दिल कितना
जो आज तुम बदल गए

हर पल सोचा तुमको
भुला दिया था सबको
एक पल में देखो
तुम किनारा कर गए
रो रहा है दिल कितना
जो आज तुम बदल गए

कैसे रुकेगा ये सैलाब

आँखों से जो बह रहा

देखे थे जितने भी ख्वाब

अश्क बन बह गए

रो रहा है दिल कितना

जो आज तुम बदल गए

अनजान

अनजान रास्तों पर
मिले थे तुम
रास्तों से पहचान हो गई
अनजान हो गए तुम

यकीं

क्यों होता नहीं उन्हें यकीं
हर धड़कन में है वही
जाती हैं निगाहें जिधर
मिलते उनके निशाँ वहीं

आज़माईश

गुज़रेगी उम्र सारी
इम्तेहान देते हुए
थकते नहीं हैं वो
हमको आज़माते हुए

क्या जानें

इंतज़ार है किसका

किसलिए क्या जानें

बेकरार क्यों है दिल

किसके लिए क्या जानें

उतर आता है चाँद

झील में रातों को जैसे

उतरा है दिल में कोई

कौन है वो क्या जानें

एक पल भी भूल पाए ना जिसे

याद ये कौन आ रहा है हमें क्या जानें

घिर आते हैं ख्वाब जागती आँखों में

नींद ये कौन उड़ा रहा है क्या जानें

आइना

गुज़रा हुआ ज़माना
दिल भूल गया होता
ग़र ये चाँद बीते लम्हों का
आइना ना होता

कोई प्यार ना करे

कोई किसी से इस कदर प्यार न करे
हर घड़ी किसी का यूँ इंतज़ार न करे
खुली आँखों में सपने सजा कर
नादाँ दिल को यूँ बेकरार न करे

हर चेहरे में उसे ढूँढा न करे
हर आहट पर चौंका न करे
खामोशियों में भी उसे सुन सके
किसी के लिए यूँ तरसा न करे

महफिलों में भी यूँ तन्हा न रहे
हर शह में उसी का दीदार न करे
वफ़ा की चाह में बेवफाई सह कर
कोई किसी की यूँ जुस्तजू न करे।

छू कर मुझे

झील में चाँद के अक्स सा उतरा है दिल में कोई
छू कर मुझे हौले से नज़दीक से गुजरा है कोई

मैं परेशाँ हूँ क्यों मुझे वो दिखाई नहीं देता
ख्वाब बन कर जो मेरी नींदे चुराता है कोई
छू कर मुझे हौले से नज़दीक से गुजरा है कोई

धुल गए सारे ग़म जो ज़माने से हैं मिले
अश्क बन कर मेरी आँखों से जो बहता है कोई
छू कर मुझे हौले से नज़दीक से गुजरा है कोई

बेचैन हूँ, क्यों बेकरार हूँ मैं
याद आ-आ कर रोज़ सताता है कोई
छू कर मुझे हौले से नज़दीक से गुजरा है कोई

चाहत

क्यों ज़िन्दगी में ऐसा हर बार होता है
चाहते कुछ और हैं कुछ और ही होता है

क्यों रहे इलज़ाम ज़माने पर हर सितम का
सितमगर कोई और नहीं अज़ीज़ ही होता है
चाहते कुछ और हैं कुछ और ही होता है

हर तमन्ना की तक़लीम ज़रूरी नहीं
ख्वाब आँखों में सजाना ज़रूरी होता है
चाहते कुछ और हैं कुछ और ही होता है

चाहते है फूल ही फूल हों इन राहों पर
साथ काँटों का भी निभाना ज़रूरी होता है
चाहते कुछ और हैं कुछ और ही होता है

नकाब

चेहरे के पीछे चेहरा है
अब ये नकाब हटाये कौन

ये प्यार भी एक छलावा है
अब हमको ये समझाए कौन

तितर-बितर दिल के टुकड़े हैं
जोड़ के इन्हें दिखाए कौन

बेगानों की बस्ती में
नन्हे से दिल को बचाये कौन

याद नहीं करते जो हमको
उनको दिल से भुलाये कौन

डूबना ही किस्मत है तो
लहरों से हमें बचाये कौन

मेहरबाँ

बुन रहीं हैं ख्वाब अँखियाँ
रात भर नहीं सोईं
खुशनुमा है आज कलियाँ
हुआ जो मेहरबाँ कोई

जुड़ गयी कुछ और कड़ियाँ
मुलाकात की तेरी -मेरी
महक उठी फूलों की लड़ियाँ
बातों से तेरी- मेरी

मुड़ रहीं पगडंडियां
जिस ओर हम- तुम है चले
सूरज को ढकती बदलियां
जब -जब हम- तुम है थके

उड़ती फिरती तितलियाँ
कह गयी हर फूल को
जो मिले हो तुम सांवरिया
देखूं ना अब किसी और को

अज़ीज़

जो है अज़ीज़
हमें अपनों की तरह
गुज़रा है करीब से वो
एक अजनबी की तरह

अक्स चेहरे का उसके
था जो मुझमे बरसो से
शक्ल बदली है कईं
बदले हुए मौसम की तरह

हज़ार ख्वाहिशें जिसे थीं
संग रहने की कभी
भूले बैठा है सब कुछ
वो संगदिल की तरह

जिसकी बातों से छलकता था
बस प्यार कभी
बोलता है क्यूँ आज वो
दुश्मनो की तरह

जागती रातें

दिल की सारी बातें
किसको कहेंगे हम
तुझ बिन, जी ना सकेंगे हम

तू है अपना
हो गया एक सपना
मिल ना सकेंगे हम
तुझ बिन, जी ना सकेंगे हम

यादों की तितलियाँ

खुल रही हैं, ख़्वाबों की खिड़कियाँ

उड़ रही हैं, यादों की तितलियाँ

भूली-बिसरी बातों का बिखर गया है ढेर

बदलते हुए मौसम सा, है ये समय का फेर

जवाब

तेरी चाहत का मेरे पास
नहीं है कोई जवाब
रोके ना रुकेगा अब
उमड़ा है जो ये सैलाब

ऊंची-ऊंची लहरें
कितनी है बेताब
होने जो वाला है
साहिलों से मिलाप

जिन रास्तों की मंज़िल नहीं
उन तक पहुँचाते हैं ख़्वाब
तेरा मेरा मिलना है
बस एक साराब[1]

१- मरीचिका

अंदाज़ तेरा

बड़े ही ख़ास
अंदाज़ हैं तेरे
कुछ अलग ही
ज़ज़्बात है तेरे
दिलों को लूटने के
सारे हुनर पास हैं तेरे

तुझ बिन

तुझ बिन, जी न सकेंगे हम
संग दिल ज़माना
देता है ताना
सह न सकेंगे हम

तुझ बिन, जी ना सकेंगे हम

जागती रातें
दिल की सारी बातें
किसको कहेंगे हम
तुझ बिन, जी न सकेंगे हम

तू है अपना
हो गया एक सपना
मिल न सकेंगे हम
तुझ बिन, जी न सकेंगे हम

जा रहें हो तुम

जा रहे हो तुम
एक बार मुड़ कर देख लो
आखिरी ही सही
एक बार प्यार कर लो

कह गए हो अलविदा
सह ना सकेंगे हम
टूट कर बिखर रहें
बाहों में फिर से भर लो
आखिरी ही सही
एक बार प्यार कर लो

इलज़ाम दिए है कितने
कुछ कह ना सके है हम
दे चुके सौ इम्तिहान
एक और फिर से ले लो
आखिरी ही सही
एक बार प्यार कर लो

आस

कभी नहीं जो सुना था
वो सब कह गया कोई
उजड़े हुए जीवन में
फिर आस जगा गया कोई

सूरज के ढलने पर
चाँद सा निकल गया कोई
सूनी अँधेरी रात को
जगमग कर गया कोई

गुमसुम लब सिल से गए
बातें सिखा गया कोई
बेसबब थी ज़िंदगी
मकसद दे गया कोई

परायों की बस्ती में
अपना बना गया कोई
भूल जाना था जिसे
फिर याद आ गया कोई

नादान दिल

नादान दिल
तू ही बता
क्यूँ है भला
खफा-खफा
कौनसा ग़म
तुझमे छुपा

क्यूँ बेचैन है
किसकी तलाश है
क्या है वो जो
तुझे ना मिला
नादान दिल
तू ही बता
क्यूँ है भला
खफा-खफा
कौनसा ग़म
तुझमे छुपा

क्यूँ ख्वाब बने
काँटों में फूल चुने
रोके रुकता नहीं
ख्वाहिशों का सिलसिला
नादान दिल
तू ही बता
क्यूँ है भला
खफा-खफा
कौनसा ग़म
तुझमे छुपा

रिहाई

चाहे नज़रों से हो जाओ दूर
ये दिल ना रिहाई देगा
चाहे जाओगे तुम सब कुछ भूल
ये फिर भी दुआए देगा

ख्वाबों में सजा देगा
एक दर्द जगा लेगा
चाहे जाओगे तुम भूल
ये फिर भी दुआ देगा

कुछ राज़ छुपा लेगा
सीने में दबा लेगा
चाहे जाओगे तुम भूल
ये फिर भी दुआ देगा

तेरी याद

जब याद तेरी सताती है
ये शाम नहीं कट पाती है
रातें गहरी हो जाती हैं
मुझे नींद नहीं फिर आती है

चांदनी धुंधली हो जाती है
सीने में कसक उठ जाती है
साँसें मेरी रुक जाती हैं
कैसी ये क़यामत आती है

दिल में छुपा ली जाती है
जब बात तेरी कोई आती है
जुबां तो कह नहीं पाती है
पर आँख बयाँ कर जाती है

तुझे ना भुलाएँगे

शमा की चाह में
पतंगा बन जल जायेंगे
तू चाहे भुला दे हमें
हम न तुझे भुलायेंगे

पूछे लाख ज़माना
दास्ताँ-ए-ग़म
तेरे ही खातिर हम
लब सिलते जायेंगे
तू चाहे भुला दे हमें
हम न तुझे भुलायेंगे

रहगुज़र कोई हो
मंज़िलें कोई हो
कही भी रहें हम
ख्वाब तेरे ही सजायेंगे
तू चाहे भुला दे हमें
हम न तुझे भुलायेंगे

वादा

वादा था न करेंगे शिकवा कभी
फिर भी ये खता हमसे बार बार हुई
जो रूठे हैं वो हमसे नहीं उनकी खता
कमी कुछ हमारी दुआओं में हुई

शिकवा

तकदीर में था ग़म लिखा
उसका नहीं था हमें गिला
है शिकवा हमें ऐ दोस्त
तुझसे भी हमें वही मिला

यादें

जब-जब चाँद खिला, तारे मुस्कुराये
तो याद तेरी सताए

महकती हवाएं, हौले से छू जाएँ
तो याद तेरी सताए

सर्दियों की शाम में, जब धुंध छा जाये
तो याद तेरी सताए

उड़ती हुई जुल्फ़ जब, गालों को सहलाये
तो याद तेरी सताये

जब किसी बात पर, आँख मेरी भर आये
तो याद तेरी सताये

रात के पिछले पहर, ख्वाब कोई जगाये
तो याद तेरी सताये

हर राह हर मोड़ पर, अकेला खुद को पाएं
तो याद तेरी सताये

जब उलझने ज़िन्दगी की, सुलझा, ना पाएं
तो याद तेरी सताये

मन को समझा कर, तुझे भूलना जो चाहें
तो याद तेरी सताये

• • •

तेरे -मेरे दरमियाँ[1]

कभी दूरियां,
नज़दीकियां
तेरे-मेरे दरमियाँ

कभी तल्खियां[2],
पशेमानियाँ[3]
तेरे-मेरे दरमियाँ

कभी रुसवाईयाँ,
मेहरबानियां
तेरे-मेरे दरमियाँ

कभी सरगोशियां[4],
खामोशियाँ
तेरे-मेरे दरमियाँ

कभी यारियां,
दुश्मनियां
तेरे-मेरे दरमियाँ

१- बीच में, २- कड़वाहट, ३- पछतावा, 4- कान में बातें

ख़ता

जानें कौन सी ख़ता
हमसे बार बार हुई
जुड़ी हुई कड़ियाँ
टूट के तार तार हुई

ज़ख्म

मुड़ गए थे तुम जहां
वो रास्ते सब बंद हुए
देखा तुम्हें एक अरसे के बाद
वो घाव फिर से हरे हुए

है नहीं जो मेरा

क्यों मिले ऐ सनम तुमसे क्यों है मिले
है नहीं जो मेरा ऐ रब, उनसे क्यों दिल मिले

बहारें आ गयी जो थी कही रूठी हुई
कंटीली राहों पर आज कितने गुल खिले
है नहीं जो मेरा ऐ रब, उनसे क्यों दिल मिले

जिन रास्तों से हम किनारा कर गए थे
तेरे तरफ आज उनके रुख हैं मुड़े
है नहीं जो मेरा ऐ रब, उनसे क्यों दिल मिले

उधार की है हंसी, उधार के सपने
ऐसी किस्मत कहाँ जो चाहे वो ही मिले
है नहीं जो मेरा ऐ रब, उनसे क्यों दिल मिले